Birgit Pauls

Datenschuul

Datenschutz op Platt

Birgit Pauls

Datenschuul

Datenschutz op Platt

1. Utgaav

Bibliografische Information der Deutschen Nationalbibliothek: Die Deutsche Nationalbibliothek verzeichnet diese Publikation in der Deutschen Nationalbibliografie; detaillierte bibliografische Daten sind im Internet über www.dnb.de abrufbar.

ISBN 978-3-7448-0240-6

Herstellung und Verlag:
BoD – Books on Demand, Norderstedt

Covergestaltung:
Birgit Pauls mit BOD Easy Cover

Foto: Birgit Pauls

Een poor Wöör vörweg

Kann man egens över Datenschuul ok op platt schrieven?

Dat heff ik mi al lang fraagt, nadem ik in't Johr 2009 fraagt wurr, ob ik een Datenschuul Lehrgang ok op Platt holen kunn.

Angang 2016 heff ik veele aardige Lüüd dropen, de över Gott un de Welt op platt snackten. So keen de Gedank wedder, een Book över "Datenschutz" op Platt to schrieven.

Denn weer ik an't speekuleern, of ik över Datentschuul inne Betriev oder över Datenschuul för dat Private schrieven schull. Ik kunn mi ni entscheeden un heff nu een Book för beide schreeven. Dor kann sik jedeen denn rütsöken, wat he bruukt.

Af un an ziteer ik mal ut de Gesetten. Domit dat keen Dörnanner gifft un jedeen de offizielle Text hett, övernehm ik de Gesetten in Hochdüütsch, denn ik kenn noch keen offzielle Översetten vun dat Bundesgesett övern Datenschuul (Bundes-datenschutzgesetz, BDSG). De Zitate heff ik schräg sett, um se uttowiesen.

As ik anfung, dit Book to schrieven, schiente de EU Datenschutz Grundverordnung (DS-GVO) noch wiet wech. Middewiel ist de DS-GVO kamen. Af 25. Mai 2018 is de antowennen. Veeles blifft bestahn, eeniges ward anners. Ik heff lang overleegt, wat ik nu maak un heff jichteswann seegt: Düsse Utgaav baseert noch op de nu aktuellen Gesetten (BDSG un annern). Bito geev ik 'n Utblick, wat sik denn ännert.

An't Enn vun't Book heff ik een lüttje Wöörbook mit de hochdüütsche Begreep ut de Fachsprook un mien plattdütsche Översetten. Dorto is dor denn ok noch een List von Afkörtungen von hochdüütsche Begreepen.

Ik wurr mi bannig freun, wenn ji mi vertellen, wat ji vun dat Book hoolt.

Schwoor weer dat mit Inholen von een Schrievwies, de sik mit Gender verdreegen deit. Nadem ik to Anfang jümmers de Wöör för Mannslüüd un Frünslüüd nebenanner settet heff wurr dat Book teemlich lang. Um 'n poor Sieden intospoorn heff ik dat denn nochmal överarbeidet un blots de Grammatikform för de Mannslüüd nahmen, tomal in dat BDSG meist ok blots inne Form för Mannslüüd schreeven wart. Meent sünd aver jümmers Mannslüüd, Frunslüüd un ok dat drütte Geschlecht.

Tönn, inne April 2017

Birgit Pauls

Inholt

Wat is Datenschuul?

Wat is eegens Datenschuul? Veele denken denn jümmers an de Blickbregen, de wohrt warrn mutt, dormit dor nix kapuut geiht. De Daten schölln jedeen Dag op een Band kopeert warrn, dormit man se ok noch hett, wenn de Kist twei geiht.

Man dat is eher Datenseekerheit. Datenschuul schall de Persönlichkeitsrechte ut dat Grundgesett (GG) wohren, as Bispeel:

Artikel 1 GG

(1) Die Würde des Menschen ist unantastbar. Sie zu achten und zu schützen ist Verpflichtung aller staatlichen Gewalt.

Artikel 2 GG

(1) Jeder hat das Recht auf die freie Entfaltung seiner Persönlichkeit, soweit er nicht die Rechte anderer verletzt und nicht gegen die verfassungsmäßige Ordnung oder das Sittengesetz verstößt.

Inne eerste Afsatz vun't Bundesdatenschutzgesett (BDSG) steiht dat ok beschreeven:

(1) Zweck dieses Gesetzes ist es, den Einzelnen davor zu schützen, dass er durch den Umgang mit seinen personenbezogenen Daten in seinem Persönlichkeitsrecht beeinträchtigt wird.

Hier geiht dat also inne Hauptsaak nich um Technik, Bits un Bytes sünnern umme Minschen un jere Anrechte.

In dat Uurdeel to dat Teelen vun't Volk (*Volkszählungsurteil*) wurr 1983 bestimmt:

Jeder kann selbst über die Weitergabe und Verwendung persönlicher Daten entscheiden, er kann bestimmen, in welchen Grenzen Lebensumstände zu offenbaren sind.

Dieses Recht bedarf unter den Bedingungen der modernen Datenverarbeitungsmöglichkeiten des besonderen Schutzes.

Ik bün doch 'n ganz eenfache Minsch, de nix to verbargen hett. Worüm schull ik mi Gedanken um Datenschuul maken?

Wenn ik Eegendöömer oder Geschäftsföhrer vun een Betriev bin, mutt ik dorför sorgen, datt de Betriev sik an Recht un Gesett hölt.

Un in't Private kann dat ok vun Vördeel ween, wenn nich jedeen allns vun mi weet:

De Baas un anner Firmen, de mi wat verkoopen wüllt, sind doran interesseert to weten, wat ik de heele Dag do. Arbeide ik fix nuch? Wat koop ik geern in? Wo koop ik in? Um welcke Tied? Betohl ik in bar oder mit Plastikgeld?

Ut dit Weeten kann een Profile maken, verutseggen, wat de Minsch wohl als neegstes köfft. Dat gifft een Bispeel ut Amerika, wo sik een Vadder bi een Firma beschweerte, wieldat de sien veerteihn jährige Dochter Reklame för Babyutstattung schickte. De Firma harr anne Inkööpe vunne Deern al lang för de Vadder markt, dat de Deern 'n Braden inne Röhr harr.

Lüüd de ik ni sehn will, köhn mi nastellen, wieldat se över Ortung vun mien Ackersnacker weeten, wo ik mi wann ophohl.

Un ween een Spitzboov de Kontonummer wies wart, kann he dat Konto licht afrümen.

Wo wart dat klaarmakt?

Dat gifft diverse Gesetten, de Datenschuul in Düütschland kloormakt. De wichigsten tell ik hier mal op:

Dat Bundesdatenschutzgesetz (BDSG) regelt de Datenschull inne Behörden vunne Bund, inne Betrieve un in anner privatrechtliche Organisaschionen, as Vereene to'n Bispeel.

Für de Behörden vun't Land und de Kommunen is allns in't Datenschullgesett vun dat Bundesland kloormakt, so se denn ehr eegen Landesdatenschutzgesetz (LDSG) hebben. Wenn dat dor nix gifft, gilt för de ok dat BDSG.

De Karken hebben ses eegen Gesetten över Datenschuul. Bi de evangelische Kark is dat dat *Kirchengesetz über den Datenschutz der Evangelischen Kirche in Deutschland* (DSG-EKG), bi de katholische Kark de *Anordnung über den kirchlichen Datenschutz* (KDO).

För Sozialdaten (Daten de vunne Krankenkassen, Rentenverseekerung, Arbeitsamt, Jobcenter, ... verarbeitet warrn) gellt de Sozialdatenschuul na dat teinte Sozialgesettbook (SGB X).

In düsse Book warr ik von nun an blots vunne Gebott ut dat BDSG snacken, wiedat de Vörschrift für Datenschull inne Betrieve is. De anner Gesette to'n Datenschull sünd teemlich liek.

Liekers hett de Betriev bobento noch anner Gesetten to'n Datenschull to beachten. Bi't Telefoneern gellt dat Telekommunikationsgesetz

(TKG). De Vörschrift, de de meesten kennen, is dat Fernmeldegeheemnis na § 88 TKG.

Wenn een een Internetsied hett, mutt he ok mal in't Telemediengesett (TMG) kieken. Dor is kloormakt, wat in't Impressum stahn mutt un wat to dohn is, wenn Daten över de Sied sammelt warrn, so as över een Kontaktfomular oder gar een Sied wo sik een anmellen kann.

Af 25. Mai 2018 is de EU Datenschutz Grundverordnung (DS-GVO) antowennen. Für niege Verarbeidungen schull se al nu anwendt warrn.

Inne EU kunn man sik bi dat Gesett över een poor Punkte wohl nich eenig warrn. So gifft dat *Öffnungsklauseln*, wo de enkelten Länner egen Gebode dropen könnt, wenn se denn wöllt. Dorbi dörven se over nich ünner dat vunne DS-GVO vorscreeven Niveau kommen. Strenger dörven se aver warrn.

Für dat wat Düütschland noch sümlst wart dat wohl 'n Nafolgegesett vun't BDSG geeven. Man de is nu, wo ik dat Book schriev, noch nich verafscheedet.

De E-Privacy Richtlinie, op de TKG und TMG baseern is bi de EU ok jüst in Överarbeidung. Wenn de ferdig is, möten TKG un TMG sachs ok överarbeidet warrn.

Datenschuul Vokabeln

<u>Personenbetoogen Daten</u> sünd all Informationen över een bestimmte oder bestimmbore Minsch un över sein Leevensümstände. Genau steiht dat in § 3 Abs. 1 BDSG:

Personenbezogene Daten sind Einzelangaben über persönliche oder sachliche Verhältnisse einer bestimmten oder bestimmbaren natürlichen Person (Betroffener).

De <u>bedropen Minsch</u> is de, vun de de Daten afleegt warrn schölln.

<u>Bestimmt</u> is een Minsch, wenn sik sien Identität direkt ut een Merkmal (Datenfeld as Nam, Sozialverseekerungsnummer, ...) ergifft.

<u>Bestimmbar</u> is een Minsch, wenn sik sien Identität ut een Kombinaschion vun Merkmale ergifft.

As Bispeel: de Landesdatenschuulbeopdraagte von Schleswig-Holstein in't Johr 2014. Wer sik mit de Materie utkennt oder weer jichtenswo nakieken kann, kriegt gau rut, dat dat Thilo Weichert weer.

<u>Verantwortliche Steed</u> sind Lüüd, Bedrieve, Vereene un anner Oganisaschionen, de personenbetoogen Daten verarbeiden oder anner dormit beopdraagen. De verantwortliche Steed mutt dorför sorgen, dat de Datenschuulgesetten bi de Verarbeidung vun sien Daten inholen warrn.

<u>Drütte</u> is jedeen, de nich bedropen Minsch oder verantwortliche Steed is.

Empfänger is een Drütte, de Daten övermittelt kriegt oder de Daten, de för'n Afroop to Verfögung stahn, afröppt.

Affraagen ist dat Beschaffen vun Daten bi de bedropen Minsch.

Afleggen is dat Opnehmen vun Daten op een Datendreeger.

Verännern meent dat ännern vunne Inhalt vun Daten, de all op een Datendreeger afleggt wurrn.

Övermiddeln meent, dat Daten Drütte bekannt makt warrn. Dat is möglich, indem Daten direkt an Drütte wiedergeeven warrn oder indem Daten to'n Avroop vorholn warrn.

Sparrn meent, dat Daten so kennteekend warrn, dat dat normal Togriepen ni mehr möglich is. Bi'n Akte ut Popeer is dat meist so, wenn de in't Archiv bröcht ward.

Löschen meent, dat de Daten so unkenntlich makt warrn, dat se nich wedder herstellt warrn können. Dat meent nich de "Löschen"-Befehl, de een normalerwies kennt. De is ut Datenschuul-Sicht mit Speern gliektosetten. Wenn Daten löscht sünd, sünd se för alle Tieden weg.

Verarbeiden faatet de Begreepe afleggen, verännern (oder ännern), övermiddeln, speern un löschen tosamen.

Nütten is jedet Verwennen vun personen-betoogen Daten, de nich affraagen oder verarbeiden is.

Anonymiseern is dat Ännern vun Daten, dat de Minsch nich mehr erkennbar is. Mit anonymiseern warrt de Personenbetoog wegnahmen.

Warschau: Bi dat anonymiseern mutt de Grupp vun infraage kamende Lüüd groot nuch ween (minst fief), so dat nich op de Minsch rückslooten warrn kann. Ein fofftig Johr oole Rentner in Hamburg is sachs anonym, man een fofftig Johr oole Rentner in Kotzenbüll (um un bi 250 Inwahner) kann sachs genau benaamt warrn.

Pseudonymiseern meent dat Nam oder een anner Merkmal unkenntlich makt ward, so dat de Minsch blots mit een Toordnungsfunktion identifizeert warrn kann. Dat Nüten vun een Öökelnam in een Forum is ok 'n Wies sie eegen Daten to pseudonymiseern.

Bi Datenseekerheit geiht dat um all Daten vunnen Betriev. Se schölln för nich tolaaten Togriepen, versehentlichet Ännern, verloren ahn oder tweimaken bewohrt warrn.

Wodennig warrn de Daten wohrt?

Dat Affraagen, Verarbeiden un Nütten vun personenbetoogen Daten is verbaaden, sofern dat nich

- dör een Gesett oder Verordnung erlaubt is oder

- de bedropen Minsch sien Inwilligung geeven hett oder

- dat rein för familiäre oder private Zwecke vörsehn is.

Personenbetoogen Daten sind all Angaaven över de Ümstänn, in de een Minsch sik ophält. Hier nochmal op Höchdüütsch de Beschievung ut § 3 Abs. 1 BDSG:

Personenbezogene Daten sind Einzelangaben über persönliche oder sachliche Verhältnisse einer bestimmten oder bestimmbaren natürlichen Person (Betroffener).

Bestimmt is een Minsch, de ik genau benennen kann, so as Peter Müller (sofern dat blots een Peter Müller gifft) oder de Bundeskanzlerin.

Bestimmbor is een Minsch, de ik anhand von Daten, de ik heff, genau benennen kann, as Bispeel: De Bunneskanzler in't Johr 1970 oder de Minsch de dat Auto mit dat Nummerschild TÖN-L 413 hört. Ji bruukt avers nich na dat Nummernschild söken, Nummernschiller mit TÖN (Tönn, Tönning op Hochdüütsch) warrn siet de sömbtiger Johr nich mehr för Autos vergeeven.

Wodenni süht denn so'n Inwilligung ut? Eerstmal mutt de friewillig ween. Wenn een ünner Druck sett wart un um wat to bekommen in wat inwilligen schall, wat he egens gar ni will, is dat nich friewillig. Een Bispeel is, wenn ik wat över't Internet bestelln will und de denn glieks de Inwilligung hebben wöllt, dat ik vun dor an jümmers Reklame per Telefon krieg, obschonst ik dat gar nich will.

Wichtig hier ok för de Bedrive: De Arbeidsgerichten meenen menngmal, dat een Angestellte keen Inwilligung de sien Arbeitsverhältnis bedrifft, ahn Nod afgifft. So is dat mennigmal schwoor Regelungen so dropen, obschinst de Mitarbeider un de Baas sik eenig sünd. Hier hölpt dat, wenn dat inne Bedriev een Bedriefsraat gifft. Betrievsvereenbarungen sünd denn wie een Gesett. So wat kümmt vor, wenn dat Gebode över dat private Nutten von Internet un E-Mail geeven schall.

Denn mutt de bedropen Minsch genau verkloort warrn, wat de Inwilligung bedüüdet: wat hett dat för Konsequenzen, wenn de sien Inwilligung afgifft? Un wat passeert, wenn sik weigert intowilligen?

Inne DS-GVO steiht ok, dat dat in een klaare, eenfach Spraak schreeven sien mutt.

Een Inwilligung kann ok jedertied mit Wirkung för de Tokunft wedderropen warrn. Ok doröver mut informeert warrn, wenn de Inwillung inholt wart.

Denn mutt de vörschreeven Form vunne Inwilligung wohrt warrn. De Inwilligung mutt daalschreven (in *Schriftform)* ween. Dormit is meent, dat dat Popeer mit een Originalünnerschift ween mutt. Een eenfache E-Mail geiht ni.

De Inwilligung kann avers ok elektronisch passern. Denn mutt seekerstellt warrn, dat dat mit klare Kopp passeert is. Dormit is meet, dat een Opt-In ween mutt: De bedropen Minsch mutt de Haken oder dat Krütz setten, de Kasten dörv ni vörher utfüllt ween. He mutt jedertied wedder op de Inhalt vun de Inwilligung ogriepen können und de verantwortliche Steed mut seeker ween, dat de Inwilligung ok vun de bedropen Minsch stammt un keen anner de Reklame för em bestellt hett. Dat löst een meist, indem na dat Afschicken von de Inwilligung een E-Mail an de angeeven E-Mail Adress schickt warrt, in de steiht, worin een inwillgt hett, un in de een Link to anklicken is. De Inwilligung wart denn eerst dor dat Anklicken wirksam. Ward nich klickt, ward de Inwilligung na 'n bestimmte Tied – meist een bet twee Weeken – wegsmeeten. De Inwilligung mutt ok protokolleert warrn: Wann (Datum un Klocktied), welke E-Mail Adress, op welke Internetsied un von welke IP-Adress.

Mit de DS-GVO können ok al junge Lüüd för sik inwilligen, so se den 16 oder öller sünd.

Över Technik un Regelungen inne Betrieb (op Hochdüütsch: technische und organisatorische Maßnahmen) mutt dann seekerstellt warrn, dat de Daten de Umstänn na behöödet warrn:

§ 9 BDSG

Öffentliche und nicht-öffentliche Stellen, die selbst oder im Auftrag personenbezogene Daten erheben, verarbeiten oder nutzen, haben die technischen und organisatorischen Maßnahmen zu treffen, die erforderlich sind, um die Ausführung der Vorschriften dieses Gesetzes, insbesondere die in der Anlage zu diesem Gesetz genannten Anforderungen, zu gewährleisten. Erforderlich sind Maßnahmen nur, wenn ihr Aufwand in einem angemessenen Verhältnis zu dem angestrebten Schutzzweck steht.

Wat dahn warrn mutt, hangt dorbi ok dorvun aff, wo empfindlich de Daten sind. Wenn ik op mien Blickbregen de Kontonummer vun anner Lüüd verwohr mutt ik dorop mehr oppassen as op een reine Telefonnummer, die ik ok över dat Telefonbook rutkriegen kann.

Dat tolaaten Verwennen vun Daten is bunnen anne Tweck för de de Daten eerstmals affraagt wurrn. Wenn de Daten för een anner Tweck verarbeidet oder nütet warrn schölln, mutt vöraf de tosätzliche Inwilligung för de niege Tweck inholt warrn. Nu denkt sik een: denn mak ik to Anfang blots 'n bös quabbelige Beschrievung för de eerste Inwilligung un överlegg mi denn later, för wat ik de Daten verwennen will. Dat geiht nich: Bi dat Affragen un dat eerstmalige afleegen mut genau beschrieven ween, för welke Tweck de Daten deenen schölln.

Hento kümmt inne DS-GVO dat Begrenzen vunne Tied, över de de Daten opwahrt warrn (*Speicherbegrenzung*). Ik mitt al bi dat Affraagen vunne Daten weeten und seggen, wolang ik de Daten opwahrn will.

Daten de nich vörhannen sünd, können ok nich afhanden kamen oder missbruukt warrrn. Ut düsse Grund steiht de Grundsatz vun Daten vermeiden un Datensporsamkeit (§ 3a BDSG) in de Datenschuulgesetten. Inne DS-GVO heet da denn Datenminimeerung.

Wat is dormit meent? To'n eenen dörven blots de Daten affraagt warrn, de to'n Erfülln vunne Tweck nödig sünd. Wenn ik jichtenseen een Auto verkoopen will, bruuk ick nich sien Schohgrötte, denn de Pedalen passend to de Foot kann ik noch nich als Sonnerutstattung kriegen. To'n annern schall ik Daten forts löschen, wenn de Tweck för de Datenverarbeidung wegfulln is. Man warschau: Dat gifft ut anner Gesetten Tieden för dat Opwahrn vun Daten. Een Reeken mutt tein Johr opwahrt warr. Ut de Gesetten för de Produkthaftung komen för bestimmte Saken ok mal dördig Jahr. Wenn Löschen nich möglich is, wieldat dat noch Tieden för dat Opwohrn gifft oder de bedroopen Minsch Nadeele dor dat Löschen hett (in't Gesett steiht: *schutzwürdige Interessen des Betroffenen der Löschung entgegenstehen*), dörven de Daten nich löscht warrn sünnern möten sparrt warrn.

Wenn Daten löscht warrn, möten nich alle Datenseekerungen na de Daten dörsöcht warrn un de Daten ok dorvun löscht warrn. Man dat mutt seekerstellt warrn, dat löschte Daten nich wedder dör Torückspeelen vun de Daten-seekerung in't System gelangen.

Daten möten direkt bi de bedropen Minsch affraagt warrn (§ 3 Abs. 2 BDSG). Utnahmen sünd tolaaten, wenn dat een Grundlaag doför in dat BDSG oder een anner Gesett gifft, so als Gefahr för de öffentliche Seekerheit, Söken vun Verbreekers.

Bestimmte Oorten vun personenbetoogen Daten möten besunners möötet warrn. De sind in § 3 Abs. 9 BDSG bestimmt:

Besondere Arten personenbezogener Daten sind Angaben über die rassische und ethnische Herkunft, politische Meinungen, religiöse oder philosophische Überzeugungen, Gewerkschafts-zugehörigkeit, Gesundheit oder Sexualleben.

Inne DS-GVO komen genetischen Daten un biometrischen Daten dor hento.

Wenn düsse Daten verarbeidet warrn schölln, is een gesonnerte Inwilligung nödig, de sik akurat op düsse Oorten betreckt, oder dat mutt een Gesett anwendbor ween, de de Verabeidung vun düsse Daten tolett. Dorto is noch to beachten, dat de Anforderungen an de Datenseekerheit för düsse Daten düütlich höger sünd, as för normale Daten.

Daten dörven blots denn an Drütte övermiddelt warrn, wenn de bedropen Minsch inwilligt hett oder wenn dat een Gesett gifft, dat dat Övermiddeln verlangt oder tolett. Verantwortlich dorvör, ob dat Övermiddeln tolaaten weer is jümmers de de övermiddelt, nich de Empfänger. Wenn een Daten övermiddelt hebben will schull de verantwortliche Steed jümmers na de Rechtsgrundlaag för dat Övermiddeln fraagen un sik de tohoop mit dat Aktenteeken to'n Afseekern schriftlich geeven laaten. Dat gilt ok, wenn Gedarmen oder Staatsanwalt Daten affraagen.

Figelinsch wart dat, wenn Daten in't Utland (nich EU) övermiddelt warrn schölln. Na §§ 4b, 4c BDSG is dat blots erlaubt, wenn dat Land een utriekend Datenschuulniveau hett un een Gesett dat togesteiht oder de Inwilligung von den bedropen Minsch för dat Övermiddeln vörhanden is.

Ik övermiddel in mien Bedriev keen Daten in't Utland, denken sik veele. Warschau: Dat Afleegen vunne Daten inne Cloud oder dat Nütten vun Programme (meist *Webanwendungen*), de op Blickbregen in't Utland loopen un de Daten ok dor afleggen is all een Övermittlung vun Daten in't Utland. Dorto hören ok Mailprovider in't Utland as to'n Bispeel Googlemail, Hotmail un annern, de farken nüttet warrn, wiedat de kostenlos sünd.

Denn gifft dat ok noch dat Finanzamt, dat mitsnackt: Na de Ordnung över Afgaaben (§ 146 Abs. 2 AO – *Abgabenordnung*) möten de Böker vun düütsche Bedrieve grundsätzlich in Düütschland verwahrt warrn, wat meent, dat de Brickbreegen, wo de Daten verarbeidet warrn ok in Düütschland stahn möten. Utnahmen möten vöraf dör de Finanzbehörden genehmigt warrn.

Wenn de Brickbreegen in Düütschland stahn, man de Adminstraschion över Fernwartung ut dat Utland makt wart, is dat ok Övermiddeln in't Utland. Nüttet also nix, wenn de Kist hier steiht un de IT-Afdeeling in Indien sitt.

Dat Verarbeiden vun Daten vun de eegen Midarbeider is ok in't BDSG kloormakt, genauere Utkunft gifft dorto § 32 BDSG:

(1) Personenbezogene Daten eines Beschäftigten dürfen für Zwecke des Beschäftigungs-verhältnisses erhoben, verarbeitet oder genutzt werden, wenn dies für die Entscheidung über die Begründung eines Beschäftigungsverhältnisses oder nach Begründung des Beschäftigungs-verhältnisses für dessen Durchführung oder Beendigung erforderlich ist. Zur Aufdeckung von Straftaten dürfen personenbezogene Daten eines Beschäftigten nur dann erhoben, verarbeitet oder

genutzt werden, wenn zu dokumentierende tatsächliche Anhaltspunkte den Verdacht begründen, dass der Betroffene im Beschäftigungsverhältnis eine Straftat begangen hat, die Erhebung, Verarbeitung oder Nutzung zur Aufdeckung erforderlich ist und das schutzwürdige Interesse des Beschäftigten an dem Ausschluss der Erhebung, Verarbeitung oder Nutzung nicht überwiegt, insbesondere Art und Ausmaß im Hinblick auf den Anlass nicht unverhältnismäßig sind.

Bi Mitarbeiderdaten is dat BDSG is nich blots för de Daten op Blickbregen oder in gliekartig opbuute Akten (Dateien) antowennen, man geelt ok för unsorteerte Daten op Popeer.

Inne DS-GVO gifft dat dor 'n Öffnungsklausel. Wodennig dat in Tokunft kloormakt wart, is noch nich wiss.

Wenn dat Verarbeiden vun Daten gröteret Risiko för de Rechte un de Friiheit vun de bedropen Minsch na sik treckt, mutt een Vörafkontroll dör de Datenschuulbeopdraagte vörnomen warrn. Dat is jümmers de Fall wenn de besonnern Oorten personenbetoogen Daten na § 3 Abs. 9 BDSG verarbeidet warrn schölln oder wenn de Möglichkeit besteiht, dat dat Verhoolen un de Leistung kontrollert warrn kann. Een Bispeel dorför is de Inföhrung vun een Video-överwachung.

Utnahmen vunne Plicht to de Verafkontroll gifft dat, wenn de Verarbeitung vun een Gesett infordert warrt, so als de Religionstogehörigekeit inne Personalafdeelung für dat Berecken vunne Lohnstüer.

De Vörafkontroll wart dat mit de DS-GVO nich mehr geeven. Niie is denn de *Datenschutz Folgeabschätzung*. Dor mutt den ünnersöcht warrn, wat förn Utwirkungen de Verarbeitung för de bedropen Minsch hebben, welket Risiko dat gifft un wodeenig de verarbeidende Steed sik för dat Risiko wahrn kann.

Welke Rechte heff ik?

De bedropen Minsch hett Rechte ut de Datenschuulgesetten. Ok dat verkloor ik anhand vun't BDSG, Deel: nichtöffentliche Steeden. Wenn een anner Gesett antowennen is (Land, Kommune, Kark) mutt de passende Gebott in dat anner Gesett söcht warrn. De Rechte för de bedropen Minschen sind avers ähnlich kloormakt.

Toeerst mal mutt de bedropen Minsch Naricht kriegen, wenn sein Daten erstmals afleegt warrn (§ 33 BDSG). Dorbi sünd Utnahmen in't Gesett vörsehen, wenn

- de bedropen Minsch dat up anner Oort wieswurrn is,

- wenn den Daten wegen Gesett oder vorrangige Interessen vun Drütte geheem hoolen warrn möten (Söken na Verbreekern),

- dat Afleegen vun een Gesett fordert warrt oder

- de Daten ut öffentlich togängliche Quellen stammen un de Naricht an jedeen bedropen Minsch to opwendig is.

Wenn nich benarichtigt warrt, mutt bi de verantwortliche Steed dokumenteert warrn, worum ni banachtigt wurr.

Na § 34 BDSG hett de bedropen Minsch een Recht op Utkunft över sien Daten. Op Anfraag mutt de verantwortliche Steed Utkunft geben, welke Daten över de bedropen Minsch afleegt sünd, woher de Daten stammen, för welke

Tweck se verarbeidet warrn un an welke Empfänger de Daten övermiddelt warrn.

De Utkunft mutt ni geeven warrn, wenn dat Gestt vörsüht, dat bi dat erstmalige Afleggen nich benarichtigt warrn mutt.

Wenn een Bedriev Scoring na § 28b BDSG makt, wat meent dat he de bedropen Minsch anhand vun een mathematische Berecknung ut sien Daten bewertet (bi't Afslutten vun Verseekerungen oder wenn een Kredit vergeeven warrn schall, dorto kann ok al de Bestellung bi een Versandhus hörn), denn möten mehr Utkünfte geeven warrn (§ 34 Abs 2 un 4 BDSG).

Fraagen na Utkunft möten fix antert warrn, normalerwies innerhalb vun twee bet dree Weeken. Bi dat Antern mut de verantwortliche Steed seekerstellen, dat de Informaschion ok blots an de bedropen Minsch un keen anner geiht. Annerfalls is dat een ni tolaaten Övermittlung vun Daten, de ünner Straf steiht.

Inne DS-GVO is fastleegt, dat dat Ersöken na Utkunft innerhalv vun een Maand antert warrn mutt.

Denn gifft dat noch dat Recht op berichtigen, löschen un sparrn (§ 35 BDSG).

Daten möten berichtigt warrn, wenn se falsch sünd. Falls bedropen Minsch un verantwortliche Steed sik ni eenig sünd, wat richtig is, möten de Daten sparrt warrn, bet Klorheit dor is.

Daten möten löscht warrn, wenn

- de Tweck för de Verarbeidung wegfulln is,

- dat Afleegen vun den Daten nich rechtmäßig weer,

... oder een anner Grund vörliggt, de in § 35 BDSG optellt is.

Wenn Löschen nich mööglich oder wegen Opbewahrungstieden nich tolaaten is, möten de Daten sparrt warrn.

Na §§ 7 un 8 BDSG hett de bedropen Minsch ok een Recht op Betahlung vun een Schaden, de he ut nich tolaten oder falsche Verarbeidung vun sien Daten hat hett. Man dat is böös swoor in Heller un Penn to berecken, wat för een Schaden in Geld ut de Verletzung von dat Persönlichkeitsrecht entstahn is. Dor geihst meist leddig ut.

Inne DS-GVO wart dat Recht Vergeten to warrn inföhrt. Dormit is meent, wenn een bedropen Misch dat Löschen vun sien Daten infordert, ok al Daten löscht warrn mööt, de an annern övermiddeln wurn sünd.

Un denn gifft dat inne DS-GVO ok noch dat Recht sien eegen Daten mitnehmen to köön. Dat meet, dat de Bedriev de Daten op Andraach in een Format rugeeven mutt, dat vun annern automatisch inleest warrn kann.

Wer passt op?

Eerstmal schall jedeen inne Betriev kieken, dat he sik an't Gesett hölt. Hölpen mutt em dorbi sien Baas, de dorop achten schall, dat all Lüüd in sien Betriev de Gebode kennen.

Wenn een Bedriev een Beopdraagte för Datenschuul bestellt hett, schall de de rechtmäßige Datenverarbeidung kontrolleern un de Lüüd inne Bedriev över Datenschuul ünnerrichten.

Böverste Instanz is dat Amt för de Datensschuul-opsicht in dat Bundesland, in de de Bedriev sitt.

De söken sik jedet Johr een Bransche ut, wo se genauer hennkieken wölln. Ut düsse Bransche söken se sik denn 'n paar Betrieve ut, wo se genauer pröven. Wenn man dorbi is: Pech hatt. Dat kost Tied un Kleenigkeiten finnen de jümmers, genauso as dat Finanzamt. Wichtig is, dat se dorbi aver wies warrn, dat man de Datenschuul eernst nimmt un nich versusst.

Un denn stahn de ok för de Döör, wenn jichtenseen anzeigt hett, dat een Bedriev de Datenschull nich so genau nimmt un womöglich gegen dat Gesett verstöttet hett oder sogar een gröttere Malör passeert is. Denn kieken de teemlich genau henn un dohn meist ok mal 'n Bußgeld vergeeven.

Dat kann denn düer warrn. Bi eenfache Nichtachtung von de Gesetten, so as

- Beopdraagte för Datenschuul nich oder nich rechttiedig bestellt,

- een Utkunft na § 34 BDSG nich oder nich rechttiedig geeven,

- Formalien bi een Opdrach na § 11 BDSG nich inholen oder

- un anner Soken, de ünner § 43 Abs. 1 BDSG stahn

kann een Bußgeld vun bet to 50.000 Euro fällig warrn.

Düürer wart dat, wenn na § 43 Abs. 2 BDSG to'n Bispeel

- personenbetoogen Daten ahn güldige Rechtsgrundlaag affraagt, verarbeidet oder nüttet warrn oder

- obschost de bedropen Minsch gegenansnackt hett, sien Daten wiederhenn für Reklame, Markt- oder Meenungsforschung nütet warrn.

Denn könen bet to 300.000 Euro fällig warrn. Is de Gewinn, de ut das Missachten von de Gesetten trocken wurr höger as dat Bußgeld, kann bobenop noch de Gewinn introcken warrn.

For ganz swoore Verfehlungen kann een ok bet to twee Johr in't Kittjen komen.

Langt de Seekerheit vunne Technik nich ut to de Daten so as nöödig to möten, kann dat Amt för Datenschuulopsicht na § 38 BDSG ok de Verarbeidung verbeeden, bet de Mangel behoven is. Doran kann in 'n schlimmste Fall de heele Bedriev kaputt gahn.

Nich to ünnerschätzen is ok dat ramponeerte Ansehen, wenn Fehler bi de Datenschuul bekannt warr. Dat kann viele Kunnen kosten.

Mit de DS-GVO warrn de Straafen düütlich höger. Dor kann dat bet to 20 Millionen kossen oder 4 Prozent vunne Jahresumsatz vunne heele Konzern in't vorgahn Jahr.

... un bi grootet Malöör?

Daten in 'n Pizzakarton, klaute Daten bi Banken un Verseekerungen, Daten vunne Arztpraxis över de Krankheiten vun Lüüd inne normale Popeertünn ... de List vum Maleschen is lang.

Deswegen keem in't Johr 2009 een niege Gebott in dat BDSG: § 42a *Informationspflichten bei Datenschutzpannen*.

Markt een Bedriev, dat bestimmte Oorten von personenbetoogen Daten as Nummern vun Bankkonten, Kreditkorten, besönnere Oorten na § 3 Abs. 9 BDSG oder Daten de een Beroopsgeheemis na § 203 StGB un annere afhanden kamen sünd oder unberechtigterwies insehen wurrn, möten forts dat Amt för de Datenschuulopsicht un all bedropen Minschen Bescheed kriegen. De bedropen Minschen dörven eest denn Bescheed kriegen, wenn seeker stellt is, dat de Daten wedder seeker sind un dat Söken na de Schullige dör de Informaschion nich behinnert wart.

Hier nochmal ut dat Gesett op Hochdüütsch de Passus över de Daten, de dat bedröpt:

1. *besondere Arten personenbezogener Daten (§ 3 Absatz 9 BDSG),*

2. *personenbezogene Daten, die einem Berufsgeheimnis unterliegen,*

3. *personenbezogene Daten, die sich auf strafbare Handlungen oder Ordnungswidrigkeiten oder den Verdacht*

strafbarer Handlungen oder Ordnungswidrigkeiten beziehen, oder

4. personenbezogene Daten zu Bank- oder Kreditkartenkonten

unrechtmäßig übermittelt oder auf sonstige Weise Dritten unrechtmäßig zur Kenntnis gelangt sind, und drohen schwerwiegende Beeinträchtigungen für die Rechte oder schutzwürdigen Interessen der Betroffenen,...

Is dat to opwendig, jeedeen bedropen Minsch enkelt Bescheed to geeven, kann de Bedriev ok Inserate över een halve Sied in mindst twee överregionale Zeitungen schalten. Dat hiesige Keesblatt langt dorför avers nich.

Tööwen un hopen, dat dat keen een markt, is keen goode Idee för de Bedriev: meist wart dat doch een wies un denn gifft dat ok noch een Bußgeld na § 43 Abs. 2 BDSG, wieldat dat Malöör nicht rechtiedig bi dat Amt för de Datenschuul-opsicht mellet wurrn is.

Veel beter is dat, een ordige Datenschuul inne Bedriev intoföhrn, dat dat Risiko för sowat lütt blifft.

Ähnliche Gebode as in § 42a BDSG gifft dat in't SGB, in't Telekommunikationsgesett (TKG) un inne Landesgesetten över Datenschuul.

Ok dat ännert sik inne DS-GVO: Denn hangt da nich mehr dorvun af, welke Oorten vun Daten bedropen sünd, sünnern man blots noch för de wahrschienlichen Beinträchtigungen vun de bedropen Minsch. Mellet warrn mit in Tokunft innerhalv vun 72 Stünnen.

De Datenschuulbeopdraagte

Jede Bedriev in de inne Regel mehr as negen Lüüd personenbetoogen Daten verarbeiden, mutt en Datenschullbeopdraagte bestellen.

Wenn in een Bedriev Daten op een Oort verarbeidet warrn, de ünner de Vorafkontroll fallt, mutt ok jümmers een Datenschullbeopdraagte bestellt warrn, eenerlei woveele Lüüd dor de Daten verarbeiden.

Wenn dat Geschäft vunne Bedriev ut dat Övermiddeln vun Daten, Markt- oder Meenungsforschung besteiht (*wenn personenbezogene Daten geschäftsmäßig zum Zweck der Übermittlung, der anonymisierten Übermittlung oder für Zwecke der Markt- oder Meinungsforschung automatisiert verarbeitet werden*), is ok jümmers een Dateschuulbeopdraagte to bestelln.

He mutt schriftlich bestellt warrn, Handslaag langt ni ut. Un denn mutt he ok noch fachkunnig un toverlätig ween. Wat dormit meent is, hangt to'n Deel ok dovun af, eo groot de Bedriev is un wat dat Geschäft vun de Bedrief is.

De regelmatige Versammlung von de Ämter för de Datenschuulopsicht ut de Bundesländer (Düsseldorfer Kreis) hett dat in sien Beslutt inne November 2010 fastleggt.

To de Fachkunn hört, dat he sik mit de Gesetten över de Datenschuul utkennt, de de Bedriev achten mutt. Dorto mutt he sik eenigermaten mit de Computertechnik utkennen, de Organisaschion vunne Bedriev kennen un ünnerrichten könen. Ok mut he sik dörsetten könen, wenn he mal unbequeem ween mutt un mit jeedeen vunne böverste Baas bet na de Stift op een Oort snacken könen, so dat dat Gegenöver versteiht, wat de Datenschullbeopdraagte em verklooren will.

Wat schall de de heele Dag lang dohn?

Na § 4f BDSG schall he dorop hennwirken, dat de Gebode un Gesetten över de Datenschuul inholn warrn. Verantwortlich för dat Ümsetten blivt avers de Baas vunne Bedriev.

De Datenschuulbeopdraagte schall Baas un Mitarbeider rund ümme Datenschuul beraten.

Denn schall he noch regelmatig Datenschuul inne Bedriev ünnerrichten un de ordige Bedriev von Anlagen för de Datenverarbeidung pröven. Kloormakt is dat inne Abschnitt över sien Opgaaven in § 4f BDSG:

... er hat insbesondere

> *1. die ordnungsgemäße Anwendung der Datenverarbeitungsprogramme, mit deren Hilfe personenbezogene Daten verarbeitet werden sollen, überwachen; zu diesem Zweck ist er über Vorhaben der automatisierten Verarbeitung personenbezogener Daten rechtzeitig zu unterrichten,*

> *2. die bei der Verarbeitung personen- bezogener Daten tätigen Personen durch geeignete Maßnahmen mit den Vorschriften dieses Gesetzes sowie anderen Vorschriften über den Datenschutz und mit den jeweiligen*

besonderen Erfordernissen des Daten-
schutzes vertraut machen.
Un denn mutt he noch de Beschrievungen vunne
Verarbeidungen § 4e BDSG föhren. Warschau:
Anners as veelen denken, mutt de
Datenschullbeopdraagte de Beschrievungen nich
sülmst maken. Dorför sünd de Fachavdeelungen
tostenning. De möten leevern un he verwohrt de
blots.

Dat Verfohrensverteelken vör all Lüüd mutt he
denn ut de enkelten Beschrievungen erstelln.

Un wat passeert, wenn een Bedriev so lütt is, dat
he keen Datenschuulbeopdraagte bestelln mutt?
Bruukt de sik ni um Datenschuul scheren?

Ne, denn mutt sik de Baas vunne Bedriev um de
Datenschuul kümmern.

Wat mutt de Bedriev dohn?

De Plichten för de Bedriev sünd recht översichtlich, man bi eenigen verbaargt sik dorachter 'n Dutt Arbeid.

De Opgaaven sünd:

- nakieken, of de Verarbeidung vunne Daten rechtmäßig is,

- Mitarbeider op dat Datengeheemnis verpflichten,

- Mitarbeider op de Datenschuul betoogen ünnerrichten,

- Vörsorg in Technik un Organisaschion dropen to de Daten to bewahrn

- Gebode ut § 11 BDSG inholn, wenn Daten in 'n Opdraach verarbeidet warrn schölln

- de Rechte vunne bedropen Minschen wohrn,

- Beschrievungen vunne Verarbeidungen erstellen,

- bi een Malör na § 42a BDSG Bescheed seggen un

- wenn nödig, een Datenschuulbeopdraagte bestelln.

... un dorbi jümmers inne Kopp beholn, dat sik inne Mai 2018 'n beten wat ännert un dat – wenn't geit – al nu kloormaken.

Datengeheemnis

Wat ist dat Datengeheemnis? Dat is de Plicht de Sabbel to holn över alns, wat man bi sien Arbeid inne Bedriev oder ok inne Vereen, wenn een dor mitmokt, an personenbetoogen Daten wies ward.

Beter kennte Geheemnisse sünd sachs dat Breevgeheemnis, de Plicht to Swiegen för Doktor, Stüerberader, Rechtsverdreier un anner Beroope (§ 203 StGB) oder ok dat Fernmeldegeheemnis na § 88 TKG.

To Verkloorn hier noch de hochdüütsche Text ut dat Gesett, § 5 BDSG:

Den bei der Datenverarbeitung beschäftigten Personen ist untersagt, personenbezogene Daten unbefugt zu erheben, zu verarbeiten oder zu nutzen (Datengeheimnis). Diese Personen sind, soweit sie bei nicht-öffentlichen Stellen beschäftigt werden, bei der Aufnahme ihrer Tätigkeit auf das Datengeheimnis zu verpflichten. Das Datengeheimnis besteht auch nach Beendigung ihrer Tätigkeit fort.

Bevör de niee Midarbeider ok blots een Handslag mit de Daten vörnimmt, mutt he op dat Datengeheemis verplichtet warrn. Wodennig geiht dat? Dat Gesett makt dor keen Vörgaav, man to dat Afseekern un to Wiesen, dat de Mitarbeider verplichtet sünd, schull een dat schriftlich dohn. De Satz inne Arbeidsverdrag, dat Betrievs- und Geschäftsgeheemnis wohrt warrn schölln, langt ni. Dat mutt sik al akkerat op dat Datengeheemnis na § 5 BDSG betrecken. Wenn ok noch geschäftsmäßig Telekommunikations-deenstleistungen erbröcht warrn, so an bi'n lüttje

Telefondeenst för'n Handwark oder ok in 'n grötere Callcenter, möten de Lüüd ok al op dat Fernmellegeheemnis na § 88 TKG verplichtet warrn.

Dat kann vörkommen, dat annern dat Recht hebben, sik de Verplichtung antokieken. Dat kann dat Amt för de Datenschullopsicht ween oder ok een Kunne, wenn de eegen Bedriev Daten in 'n Opdraag verarbeidet. Wenn de Verplichtung inne Arbeitsverdrag steiht, un de wart een anner wiest, de ni inne Personalafdeeling vunne eegen Bedriev arbeidet, is dat een nich tolaaten Övemittlung vun Daten an Drütte. Beter is dat, dat Verplichten op een eegen Formulor förtonehmen, so dat blots de Verplichtung wiest warrn kann un nix anners dorto.

Musterschrieven för de Verplichtung gifft dat op de Internetsieden vunne Ämter för de Datenschullopsicht. Hier een hochdüütsche Muster vunne Siet vun't ULD – Unabhängiges Landeszentrum für Datenschutz Schleswig-Holstein (www.datenschutzzentrum.de):

Verpflichtungserklärung nach § 5 des Bundesdatenschutzgesetzes (BDSG)

Sehr geehrte(r) Frau/Herr ....,

aufgrund Ihrer Aufgabenstellung in unserem Unternehmen gilt für Sie das Datengeheimnis nach § 5 des Bundesdatenschutzgesetzes (BDSG). Nach dieser Vorschrift ist es Ihnen untersagt, personenbezogene Daten unbefugt zu erheben, zu verarbeiten oder zu nutzen.

Gem. § 5 BDSG sind Sie verpflichtet, das Datengeheimnis zu wahren. Diese Verpflichtung

---

besteht auch über das Ende Ihrer Tätigkeit in unserem Unternehmen hinaus.

Wir weisen Sie darauf hin, dass Verstöße gegen das Datengeheimnis nach §§ 44, 43 Abs.2 BDSG und anderen Strafvorschriften mit Freiheits- oder Geldstrafe geahndet werden können. Abschriften der genannten Vorschriften des BDSG (§§ 5 und 44, 43 Abs.2) sind beigefügt.

Ihre sich ggf. aus dem Arbeits- bzw. Dienstvertrag und der Arbeitsordnung ergebende allgemeine Geheimhaltungsverpflichtung wird durch diese Erklärung nicht berührt. Geben Sie bitte die beigefügte Zweitschrift dieses Schreibens nach Vollzug Ihrer Unterschrift an die Personalabteilung zurück.

Ort, Datum, Unterschrift des Verpflichtenden (Geschäftsführer oder Personalabteilung)

Über die gesetzlichen Bestimmungen des Bundesdatenschutzgesetzes wurde ich unterrichtet. Die sich daraus ergebenden Verhaltensweisen wurden mir mitgeteilt. Meine Verpflichtung auf das Datengeheimnis nach § 5 BDSG habe ich hiermit zur Kenntnis genommen.

Ort, Datum, Unterschrift des Mitarbeiters / der Mitarbeiterin

Verplichten ahn Belehrung langt avers ok ni. De Mitarbeiders möt toglieks belehrt warrn. Dor mutt avers ni direkt een Schoolstünn makt warrn. Dat langt ok, wenn de Verplichtete een Popeer mit de wichtigsten Informaschionen uthändigt kriegt.

Datenschuulünntericht

De Mitarbeider sünd op bruukbore Oort över de Regelungen in't Gesett un inne Betriev to de Datenschul to ünnerrichten. So steiht dat in't Gesett. Man wat is bruukbor?

Dat hangt dorvun af, wo hooch de Schuul vunne Daten ween mutt. Ween een Steed högere Schuul for de verarbeideten Daten bruukt, as Bispeel wenn Bankdaten oder Daten över de Gesundheit verarbeidet warrn, denn sünd dor meist ok mehr un komplizeerte Regelungen inne Bedriev. Wodenni blivt am meesten bi de Lüüd hangen? Lesen se dat Popeer wohraftig, wenn een se de Lehrgang blots op Popeer oder as Online-Ünnerricht gifft?

De besten Resutate heff ik betlang jümmers mit direkte Ünnerricht tostande bröcht. Lüttje Gruppen, höchtens twinnig Lüüd, so dat de Enkelte ok mal waagt, een Fraag to stellen. Annerhalv Stünnen bet högstens twee Stünnen is 'n goode Lengde. Dorbi kriegt een 'n goode Indruck dorvun, ob de Lüüd de Materie ok verstahn hebben. Manchmal kriegt een inne Ünnerricht över de Fraagen ok Nücken to weeten, de blots 'n poor Lüüd inne Bedriev kennen.

Welke Themen schullen in de Ünnerricht behandelt warrn?

- Bespreken, wodenni grundsätzlich mit de Daten umgahn warrn mutt. Wat is tolaaten, wat is verboden, welke Daten ünnerlingen 'n besunnern Schuul?

- Welke Regelungen gifft dat inne Bedriev?

- Vörstellung vun dat Datenschuulkonzept, dat de Bedriev heet.

- Besnacken, welke Regelungen dat för Internet un E-Mail inne Bedriev gifft.

- Regelungen verkloorn, wodenni sik een in soziale Nettwarken as Facebook un annern verholen schall.

De Ünnerricht schall keen eenmalige Angelegenheit blieven, dat mut jümmers wedder opfrischt warrn.

Warschau: wenn de Ünnerricht blots een dröhnige juristische Afhandlung is, hört keen een henn un dor blivt meist ok nix hangen. Veel beter is dat wenn dor veele ut dat Leeven greepen Bispeele bröcht warrn, man de bedropen Minsch dörv ni nennt warrn. Am besten leern de Lüüd, wenn se sik inne Ünnerricht inne Laag vunne bedropen Minsch versetten können un överlengen, wodenni se sülmst in de Laag behannelt warrn wölln. Dat hölpt bi dat Ümsetten vunne Datenschuul, wenn de Mitarbeider sehen, welke Vördeele se vun Datenschuul ok in't Privatleeven hebben. Denn sind se meist williger dat ümtosetten, as wenn se dat blots as schikaneern un tosätzliche Arbeid sehn.

Wenn na de Ünnericht wiederhenn lax mit de Datenschuul umgahn warrt, schulln se forts op de Nücken hennwiesen un een tohop mit de Mitarbeider na een Lösung söken, de sik mit de Datenschuul verdricht. Wenn de Minsch sik achterran jümmers ni an de Regelungen hölt, schull dat Konzequenzen hebben, bet henn to Afmahnungen.

Technische un organisatorische Vörsorg

Obschonst dit Kapitel mehrstendeels de vun dat Gesett vun Bedrieve födderte Vorsorg in Hensicht op Datenseekerheit beschrivt, schullen Privatlüüd dat ok lesen, wiedat se hier veele Hennwiese för de Seekerheit vun ehrn eegen Blickbregen tohuus kriegen.

Jedeen Bedriev mut technische un organisatorische Vörsorg ingang setten to de Seekerheit vunne personenbetoogen Daten to gewährleisten. De Vörsorg mut in dat richtige Verhältnis to de Högte vunne Schuul, de de Daten benödigen, stahn. Man towenig dörv ni ween un de Stand vunne Technik mutt berücksichtigt warrn. Alto ooldbaaksch dörv de Technik ni ween. Genauer steit in dat Gesett (§ 9 BDSG):

Öffentliche und nicht-öffentliche Stellen, die selbst oder im Auftrag personenbezogene Daten erheben, verarbeiten oder nutzen, haben die technischen und organisatorischen Maßnahmen zu treffen, die erforderlich sind, um die Ausführung der Vorschriften dieses Gesetzes, insbesondere die in der Anlage zu diesem Gesetz genannten Anforderungen, zu gewährleisten. Erforderlich sind Maßnahmen nur, wenn ihr Aufwand in einem angemessenen Verhältnis zu dem angestrebten Schutzzweck steht.

Hunnertprozentige Seekerheit is ni mööglich un ok ni betahlbor, fofftig Prozent is avers veel to wenig. Een goode Ortienteerung sünd de IT-

Grundschutz-Kataloge vun dat BSI – Bundesamt für Sicherheit in der Informationstechnik.

To allereerst mut keeken warrn, welke Oorden vun Daten inne Bedriev verarbeidet warrn un wo hoch de benödigte Schuul vunne Daten is. Welke Produkte un Deenstleistungen warrn anbooden? De Daten vunn een Apothek (Daten över de Gesundheit) oder ok vunn een Erotiklaaden (sexuelle Vörleeven na § 3 Abs. 9 BDSG) bruuken inne Regel een högere Schuul as de Daten vun een Autohuus. Warrn Bankdaten verarbeidet?

Wat bedüdet dat för de bedropen Minsch oder de Bedriev, wenn Daten unberechigt insehn oder wiedergeven warrn (Vertruulichkeit)? Wat bedüdet dat för de bedropen Minsch oder de Bedriev, wenn de Daten afsichtlich oder versehentlich verfälscht warrn (Integrität)? Bi medizinische Daten to de Behandlung vun een Minsch oder verschreeven Medikamenten kann dat in slimmsten Fall ok Gefohr för Liev un Leeven ween. To welke Tieden bruuk ik de Daten, wo gau möten se no een Probleem mit de Technik wedder dor ween un wo lang mutt de Leevensduur vunne Daten (Opwohrungstieden ut dat Gesett) ween (Verföögborkeit). Dat nützt nix, wenn mi 'n Dutt Geschäft dör de Lappen geiht, wieldat to'n Bispeel mien Online-Shop ni lööpt, jüst nodem ik 'n Masse Geld för Reklame utgeeven heff.

Wieldat de desülben Daten wegen Vertruulichkeit, Integrität un Verföögborkeit ünner Ünstännen komplett anner Högte vunne Schuul nödig hebben, schullen de enkelten Kriterien pro Datenoort ok enkelt ankeeken warrn. Een groode

Hölp sünd dorbi de Fraagen ut de BSI-Standard 100-2 IT-Grundschutz-Vorgehensweise:

1. Welke Folgen hett een Schaden betoogen op dat Inholen vun Gesetten, Vörschriften oder Verdräge?
   Möten Bußgelder betahlt warrn, komen Straafen ut de Verdrag?

2. Ist dat vun Nadeel fö dat informaschionelle Selbstbestimmungsrecht vunne bedropen Minsch?
   Het he dorvun Nadeele für sien gesellschaftliche Stellung oder sien wirtschaftliche Verhältnisse?

3. Is sien persönliche Unversehrheit in Gefohr? Besteiht Gefohr för Liev un Leeven?

4. Is dat vun Nadeel för de Erfüllung vunne Opgaaven innerhalv vunne Bedriev?

5. Is dat slecht för dat Ansehen vunne Bedriev binnen un buten?

6. Hett dat Utwirkungen op de Finanzen? Wo hoch kann de finanzielle Schaaden för de Bedriev warrn?

Wenn nu kloor is, wo hoch den Schuul ween mut, kann een överlengen, wat to dohn is.

Priesgünstiger as technische Vörsorg sünd farken Ännerungen inne Organisaschion. Man dat sett vörrut, dat sik ok jedeen anne Speelregeln hölt. Wenn en Schaaden dor is, is bi organisatorische Vörsorg swoor to wiesen, dat de Vörsorg langte.

Wichtig bi alle Gebode is, dat de Baas as Vörbild vöran geiht. Da hölpt nix, wenn jeedeen komplizeerte Passwoorten nehmen schall, dormit se seeker sünd, un he 'n korte Passwoort nimmt, un de ok noch op'n Zeddel bisiets de Blickbregen hett, wiedat he sik mehr as dree Bookstaaven ni marken kann oder will.

Wat föddert dat Gesett nu genau? Man snackt farken vunne acht Gebote inne Datenschuul, nu mit passende Bispeele för Vörsorg beschreeven warrn. Fastleegt sünd se inne Anlaag to § 9 BDSG. De hochdüütsche Text ut dat Gesett is jümmers bi de Beschrievung dorbi.

Kontroll över dat Hentolopen

Maßnahmen, die je nach der Art der zu schützenden personenbezogenen Daten oder Datenkategorien geeignet sind, Unbefugten den Zutritt zu Datenverarbeitungsanlagen, mit denen personenbezogene Daten verarbeitet oder genutzt werden, zu verwehren (Zutrittskontrolle),

Hier geiht da noch nich ümme Technik vunne Blickbregen, sünnnern seekertostellen, dat sik in't Gebüüd un inne Rüüme blots de Lüüd opholn, de dor wat to söken hebben.

Wodennig is kloormakt, dat Besöker nich överall rümlopen? Wart kontrolleert, to welke Tied Fremmen in dat Gebüüd weern un ween se besöcht hebben.

Woans is de Schuul vun Gebüüd un Rüüme na Fieravend kloormakt? Is dor 'n Alarmanlaag oder een Wachmann, de dor rümlöpt?

Döörn un Finster schullen jümmers sloten warrn, ween keen een inne Ruum is, Besöker nich mit vertruuliche Ünnerlaagen allein in een Ruum laaten warrn.

Wo stahn Drucker- un Fax-Reedschopen? Nich jeedeen schull dat Popeer ruutnehmen können.

Wokeen heet Slötel to de Rüüme? Weet ji, woveele Slöteln dat överhaupt gifft un wo de sünd? De Utgaav un dat Torüchgeeven von Slöteln mutt dokumenteert warrn. Wat is to dohn, ween een sien Slötel verleeert? Dat schull för al Midarbeider togänglich opscheeven warrn.

Wenn Slöter mit een Tahlenkombinaschion nüttet warrn, muss de tominst jedet Mal, wenn een Midarbeiter ut de Bedriev utscheeded, ännert warrn. Ok mutt de ännert warrn, wenn de Gefohr besteiht, dat een Drütte de Tahlenkombinaschion kennt.

Denn mutt ok kloormakt warrn, wer in welke Rüüme dörv. Slötel to de Serverruum schulln blots de Administatorn hebben. Ok in de Rümme vun dat Personalweesen dörv nich jeedeen rin.

Warschau ok op Reisen: De Ünnerlagen un de Blickbregen möten jümmers ünner Opsicht stahn. In't Hotel schulln se wo geiht in in Schrank insloten warrn. Dat Auto mutt jümmers afsloten warrn, ok wenn blots na dat Tanken betohlt wart.

Kontroll över de Togang

zu verhindern, dass Datenverarbeitungssysteme von Unbefugten genutzt werden können (Zugangskontrolle)

Nich jeedeen, de in Gebüüd un Rüüme rin dörvt, schall ok de Blickbregen nütten.

Wat is eegens een Anlaag för Datenverarbeidung? Fröher, inne sömbitger Johren, as dat de eerste Version vun dat BDSG geevt, weern dat groote Kisten, de heele Rümme utfüllten un een

Waterköhlung harrn. Mobil weern de ni. Hüüttodaags wart de Technik jümmers lütter, ok een Ackersnacker oder een Tablet is een Datenverarbeidungsanlaag.

De Togang mutt tominst mit een PIN oder een Kombinaschion vun Nam un Paswoort mötet warrn. Kist anschalten un ik bün al binnen geiht gor ni. Bi sensible Daten kann man ok een Verfohren installeern, dat mehrere Stufen hett, so as Passwoort un Kort oder sogor biometrische Markmole.

Kontroll över dat Togriepen

zu gewährleisten, dass die zur Benutzung eines Datenverarbeitungssystems Berechtigten ausschließlich auf die ihrer Zugriffsberechtigung unterliegenden Daten zugreifen können, und dass personenbezogene Daten bei der Verarbeitung, Nutzung und nach der Speicherung nicht unbefugt gelesen, kopiert, verändert oder entfernt werden können (Zugriffskontrolle).

Ok wenn een mit de Blickbreegen vun een Bedriev arbeiden schall, heet dat noch lang ni, dat he alns sehn dörv. So dörven blots de Lüüd ut de Paersonalafdeelung de Daten vun de Beschäftigten sehn, nich jedeen, de inne Bedriev arbeidet.

Een, de inne Verkoop arbeided, schall de Namen un Adressen vun sien Kunnen sehn könen, man nich de Kontonummer för das Intrecken vun dat Geld sehen könen, dat makt de Bookholer.

In een grote Bedriev schall een Verköper faken nich de Daten vun all Kunnen sehn, man blots de ut sien Verkoopsgebiet.

Dat wart kloormakt över Rechte för dat Togriepen. Dorbi wart ünnerscheedet in eerstmal anlegen, ännern, lesen un löschen. De Rechte könen op Funkschionsebene (meist for een Programm oder enkelte Funkschionen in dat Programm) oder op Datenebene (to'n Bispeel all Kunnen, dere Nams mit K bet S anfangt) inschränkt warrn.

För goode Datenschuul heet dat: So weenige Rechte as möglich, man so veele Rechte as nödig sind, um de Opgaav to maken.

Oppassen mutt een jümmers ganz dull bi de Rechte vunne Lehrlinge: Wenn de jere Opgaven wesseln, möten ok de Rechte för dat Togriepen anpasst warrn.

Warschau, wenn Drucker oder Scanner von Lüüd mit ünnerschiedliche Rechte nüttet warrn: Denn mutt dorop achtet warrn, dat Utdrucke ni för annern togänglich inne Drucker lingen un dat inscannte Dokumente ni for annern togänglich sünd.

Ok bi de Rechte vunne Administratoren mutt keeken warrn, dat de blots dat sehn könen, wat se för ses Arbeit bruken. De personenbetoogen Daten inne Programme un Datenbanken dörven se normalerwies ni sehen.

Kontroll över dat Widergeven

zu gewährleisten, dass personenbezogene Daten bei der elektronischen Übertragung oder während ihres Transports oder ihrer Speicherung auf Datenträger nicht unbefugt gelesen, kopiert, verändert oder entfernt werden können, und dass überprüft und festgestellt werden kann, an welche Stellen eine Übermittlung personenbezogener Daten durch Einrichtungen zur Datenübertragung vorgesehen ist (Weitergabekontrolle),

Bi Handwarkers lingen de Opdrääge in't Auto farken op de Bifohrersit oder op de Aflaag vör de Windschullschiev. Bi een parkte Auto oder bi dat Tööwen anne Ampel kann jeedeen vun buten mitlesen, dat bi Oma Erna wedder dat Schiethuus verstoppt is. De Rest denkt sik de Lüüd denn ...

Dat is een nich tolaaten Övermiddeln vun Daten an Drütte. Beter is, dat Popeer ümtodreihn oder in een Mapp to packen. Mobile Pleegedeenste sünd dorför ok so typische Kandidaten.

Un denn mutt man ok oppassen, dat dat Popeer ni afhanden komen und de Gehaltslisten vunn een Footballvereen nich of een Parkplatz funnen warrn oder de Diagnosen vun een Doktor nich inne normale Papiertünn lingen.

Ok bi de Technik mutt een oppassen: Anner Pannen ut de letzten Johren sünd CDs, de in een Pizzakarton to 'n verkehrte Minsch bröcht wurrn, verloren gahn USB-Sticks, Daten de bi de Verkoop noch op oole Blickbreegen weern, medizinische Berichte, de över 't Internet afropen warrn kunnen un jümmers wedder E-Mails anne verkehrte Empfänger oder E-Mails mi apen Verdeelerlist, wo jedeen sehen kann, wer de Mail ok noch kriegt – jümmers blöd, wenn dat to'n Bispeel de Werbe-E-Mail von een Erotik Versand för utfullene Wünsche is.

Un denn sind dor noch de ganz normalen Hacker, de versöken, jichtenswie anne Informaschionen op anner Blickbreegen to kommen.

Fangen wi mal mit dat goode oole Telefax an. Wenn een Fax schickt wart, mutt keeken warrn, dat ok de richtige Telefaxnummer wählt warrt. Bi vertruuliche Faxe schull vör dat Schicken bi de Empfängern anropen warrn, dormit de Richtige de Utdruck avholt un vörher nich tein anner Lüüd mitlesen.

Warschau ok bi dat Entsorgen von Affall. Eenige Techniken (as Bispeel Thermotransferdruck) arbeiden mit Techniken, bi de de Folie oder dat Farvband een Negativbild vun dat Fax behöllt. Bi dat Verwennen vun sowat, möten ok düsse Materialen datenschullgerecht entsorgt warrn.

Aktuelle Virenscanner un Firewall sünd eegens selvverständlich, warrn liekers jümmers wedder afschaltet. De Bedriev vun een Blickbreegen, de Togang to dat Intenet hett un ahn aktuelle Virenscanner oder Firewall bedreeven wart, is Kamikaze.

Warschau bit dat Verschicken vun E-Mails. Is ok de richtige Empfänger inne E-Mail indroogen? Bi dat "Autoutfüllen", dat veele E-Mail Programme anbeeden, kann een licht mal een verkehrte utsöken. Un wenn een E-Mail an veele Lüüd schickt warrn schall: Bcc verwennen, so dat se nich sehen könen, wer dat alns kreegen hett.

E-Mails sünd as Postkorten, de mit Blistift schreeven sünd. Op ses Reis dör dat Internet könen se unkontrolleert overall mitleest, ännert oder ok löscht warrn. Vertruuliche Daten dörven deswegen blots verslötet in een E-Mail verschickt warrn.

Bewegliche Reedschoppen un Datendreeger schulln jümmers verslötelt warrn. Wenn se denn mal afhanden komen, kann keen een anne Daten ran.

Wenn Daten as Informaschionen över Opdräge oder to Nafolgen vun een Versand op de Websied vunne Bedriev to Verfögung stellt warrn schölln: Veele Datenschuulpannen weern huusmakt, wiedat de Programmerer eenfach de Nummer vunne Opdraag oder Versand as Deel vunne URL nahmen hebben. Dort wart denn forts mal de vörhergahende oder neegste Nummer utprobeert un – schwupp – süht man de Opdraag vunne Naversch.

Kontaktformulare op Websieden oder Online-Shops warrn vun Spitzbooven ok jümmers geern nüttet, to Daten ut de Datenbanken vunne Bedriev aftofraagen. Dor wart denn versöcht, statt een Wert een heele Avfraag anne Datenbank in een Feld för de Ingaav to verpacken (SQL-Injection). Wenn dat Ding slecht programmert is, kümmt een Fremme ahn Rechte för dat Togriepen anne Daten. Un Ahn Verslötelung dörven Daten, de op düsse Siden ingeeven wurrn, nich överdragen warrn.

Geern warrn ok eenfach CDs brennt oder Daten op USB-Sticks aftruken. Speern vunne USB-Schnittsted oder Utbuu von CD Loopwarke kann dor hölpen. Dormit wart ok vermasselt, dat Viren un Trojaner över verseuchte CDs oder USB-Sticks op de Blickbreegen vunne Bedriev inslüüst warrn.

Vigelinsche Räuber verleern ok geern mal USB-Sticks an beleevte Steeden. Dor is denn meist Swinnkraam drop, de na Huus telefoneert un via Trojaner de Daten an jichtenswelke Spitzbooven schickt.

Fremme Datendreeger schulln jümmers mit aktuelle Virenscanner prövt warrn, beför se anne Blickbreegen ansloten warrn. Beter noch: Dat Nütten vun bedrievsfremme un private Datendreeger verbeeden.

Daten, de op lokale Fastplatten oder tiedwies (*temporär*) afleegt warrn, sünd ok jümmers Kandidaten för Datenklau. Tempöräre Daten (dorto hörrt ok de Verloop vunne Browser und dat Verteeken för dat Rünnerladen vun Daten ut Internet oder de Microsoft Office temp Verteeken) schulln jümmers bi dat Afmellen löscht warrn.

Daten vun een Bedriev schulln jümmers in een vöraf fastleegte Verteekenboom mit minimal vergeeven Rechte för dat Togriepen afleegt warrn.

Falls Drucker- oder Multifunkschionsrätschopen mietet oder least warrn: Wat ward op de Datendreeger vun düsse Rätschopen afleegt? Wenn de Dinger torück geeven warrn, dörven dorop keen Daten vunne Bedriev ween.

Överhaupt is dat Weegsmieten von Popeer un Datendreeger een Schwachsteed inne Bedriev. Nüttet ja nix, wenn de Daten to "Leevtieden" seeker sünd, man bi dat Wegsmieten vun Popeer oder Elektroschrott för jedeen togänglich sünd.

Wenn de Bedriev sik vun Blickbreegen, Ackersnacker, USB-Sticks, CDs un anner Datendreeger verafscheedt, mut he seekerstelln, dat dor keen leesbare Daten mehr drop sünd.

Beter noch: Geeven se de Schrott to een zertifizeerte Entsorger, de dat datenschullgerecht na DIN 66399 gegen Vernichtungsnawies entsorgt. Dorbi mutt ok de richtige Schutzstufe vreenboort warrn. For vertruuliche un personenbetoogen Daten is dat minst Stufe 3, bei besunnere Arten vun Daten (as to'n Bispeel Daten over de Gesundheit oder Daten de ünner een Beropsgeheemnis falln) ok hööger.

Popeer schull jümmers mit een Schredder twei hackt warrn (minst Stufe P3 na DIN 66399) oder ok dör een Firma, de datenschullgerechte Vernichtung makt gegen Vernichtungsnawies.

Wichtig is Vörsorg dormit de Daten nich dör Drütte insehen warrn können. De Bildschieven möten so opstellt warrn, dat de Gefahr, dat jedeen mitlesen kann, so lütt as möglich is. Kieken se mal, wer alns bi ehrn Büro dör dat Finster luuert. De Finsterbank ward ok geern as Steed för de Avlaag nüttet. Man jedeen, de denn vörbi löpt, kann mitlesen. Beluurn se sik ehrn Bedriev mal vun buten. Wat kann een alns an Informaschionen dör dat Finster sehn? Wat steit buten op de Aktenordners un wat kann een dorut lesen? Sünd de Zeddel anne Pinwand mit de Telefonnummern und anner interessante Saken vun buten to lesen?

Noch mehr Warschau is nödig, wenn een mit sien Blickbreegen ünnerwegens is? Wer kann bi't Arbeiden inne Tog oder in't Hotel allns mitlesen oder ok mithörn?

Un wenn een ganz offiziell na Daten fraagt, wiedat he bi de Gendarmen oder een anner Amt arbeidet? Eerst schall je schriftlich de Rechtsgrundlaag för dat Ansinnen schicken. Ahn gültge Rechtsgrundlaag ward nix rutgeeven.

Kontroll över de Ingaav

zu gewährleisten, dass nachträglich überprüft und festgestellt werden kann, ob und von wem personenbezogene Daten in Datenverarbeitungssysteme eingegeben, verändert oder entfernt worden sind (Eingabekontrolle),

För dat ordige Verarbeiden von Daten mutt to jede Tied faststellt warrn können, wokeen Daten ingeeven, ännert oder löscht hett. Dorto is dat nödig, dat jedeen, de Togang to de Blickbreegen hett, ünner sien egen Naamensteeken arbeidet un nich al as Gast, Azubi oder so ähnlich ünerwegens sund.

Ingaven möten wo geiht protokoleert warrn un de Protokolle möten ok regelmatig nakeeken warrn.

Nüttet ja nix, wenn die Kist protokollert, dat jedeen Dag versöcht warrt, sik as Heini antomellen, Heini man in Urlaub is un gar nich arbeiden will.

De Protokolle för dat Seekerstelln vunne ordige Bedriev vunne Technik schreeven warrn, dörven avers ni nüttet warrn to dat normale Arbeiden vunne Lüüd to kontrolleern:

§ 31 BDSG Besondere Zweckbindung

Personenbezogene Daten, die ausschließlich zu Zwecken der Datenschutzkontrolle, der Daten-sicherung oder zur Sicherstellung eines ordnungsgemäßen Betriebes einer Datenver-arbeitungsanlage gespeichert werden, dürfen nur für diese Zwecke verwendet werden.

Bi de Protokolle mutt ok op de Datensporsamkeit achtet warrn. Protokolle möten gau löscht warrn, wenn dat keen annersluudende Gebottieden för dat Opwahrn vunne Daten gifft. Normalerwies scchulln Protokolle ni länger as een halve Johr opwahrt warrn.

Wenn Protokolle personenbetoogen beluurt warrn möten, wiedat een Unraat markt wegen untolaaten Hanneln, möten minst veer Ogen op de Protokolle kieken. Wenn dat inne Bedriev een Beopdraagte för de Datenschull oder een Betrievsraat gibt, möten de jümmers inbunnen warrn.

Kontroll över de Opdraag

zu gewährleisten, dass personenbezogene Daten, die im Auftrag verarbeitet werden, nur entsprechend den Weisungen des Auftraggebers verarbeitet werden können (Auftragskontrolle)

Düsse Vorsorg betreekt sik op de Fall, dat Daten vun een verantwortliche Steed dör een anner Steed na de Gebode vun § 11 BDSG verarbeidet warrn.

Dat mutt pröövt warrn, ob de Daten blots na Wiesung vunne Opdraaggeever verarbeidet warrn un de inne Verdraag fastschreeven technische un organisatorische Vörsorg na Anlaag to § 9 BDSG inholen warrn.

Dorto schall ok dokumenteert warrn, dat de vun dat Gesett vörschreven Kontrollen makt warrn.

Dat geiht blots, wenn ok bekannt is, welke Verarbeidungen in'n Opdraag dat inne Bedriev gifft un een Pröövplan dor is.

Kontroll över de Verfögborkeit

zu gewährleisten, dass personenbezogene Daten gegen zufällige Zerstörung oder Verlust geschützt sind (Verfügbarkeitskontrolle)

Hölpt nix, wenn de Daten to de Tiedpunkt nich dor sünd, wo een se bruukt. Dat kann to een bestimmte Tiedpunkt in't Johr ween, kann avers ok meenen, dat de Utfalltieden blots kort sien dörven, wiedat dat Geschäft anners ni möglich is (Systeme för een Kass, Hannel över dat Internet).

Un denn gifft dat noch de Tieden för dat Opbewahrn ut Gesett, Verdrääge oder Satzungen. So lang as de Tieden lopen, mutt dat Togriepen op de Daten möglich ween.

Hier is Opwand to drieven, denn hier geiht dat inne asigsten Fall üm dat Överleeven vunne Bedriev. Wat is, wenn den Daten von all Kunnen weg sünd? Wat wenn de Bookpröver vun't Finanzamt kümmt un mien Inkamen för de Stüern schätzt, wiedat mi mien elektronische Bookführung un de Belege afhannen komen sünd?

Een wichtige Aspekt is dor een funkschioneerende Seekerung vunne Daten. Seekern meent man nich blots, de Daten jümmers op jechtenseen anner Datendreeger to koppern. Wo ward de Seekerung opwahrt? Nüttet ja nix, wenn de direktemang neben den Blickbreegen liegt, de afbrennt oder afsüppt.

Dat Opwahrn bi de Administrator oder een anner Mitarbeider bi't Huus kann een Lösung ween. Man wenn man inne Striet utnanner geiht, hett de viellicht vertruuliche Daten un rückt de nich mehr rut. Insluten bi een Bank is een betere Idee.

Dat Seekern vun Daten inne Cloud ward in letzte Tied vermehrt anboden. Dat geiht, wenn een poor Saken bedacht warrn. Wo is de Cloud, wo stahn de Blickbreegen, ut de de Cloud buut is un wer kontrolleert de? De Kisten möten schon in Düütschland stahn, un nich dör utländische Bedrieve kontrolleert warrn. Wenn de Daten denn verslötelt inne Cloud afleegt warrn un de Gebode över Datenverarbeidung inne Opdraag na § 11 BDSG inholen warrn, steiht een Datenseekerung nix mehr inne Weg.

Kontroll över dat Trennen

zu gewährleisten, dass zu unterschiedlichen Zwecken erhobene Daten getrennt verarbeitet werden können.

Dat gifft Bedrieve in de die Angestellten ok tiedgliecks Kunnen sünd. Kontroll över dat Trennen meent, dat Daten, de för ünnerscheedliche Tweecke affraagt wurrn ok vunnanner trennt opwohrt warrn.

Daten för dat Utprobeern un de echten Daten möten vunnanner trennt warrn.

Un ween een Daten vun ünnerscheedliche verantwortliche Steeden inne Opdraag verarbeidet, möten ok düsse Daten kloor vunnanner trennt warr.

Un leeve Lüüd, wenn ji niege Technik koopen wullt: Laat ji dör de Kopp gahn, dat af Mai 2018 de DS-GVO antowennen is un dormit Datenschull dör datenschuulfründliche Utgestaltung vunne Technik (Artikel 25 DS-GVO).

Datenverarbeidung inne Opdraag

Jümmers denn, wenn Bedrieve Daten vun 'n anner Bedriev na dere Vörgaven verarbeiden, snackt een vun Datenverarbeidung inne Opdraag.

Hier een poor Verarbeidunden inne Opdraag, de dat farken gifft:

- Een Telefondeenst för de Bedriev.

- Een Opdrach an 'n Druckeri, Breeve mit Reklame för de Bedriev to verschicken. De List mit de Lüüd, de Post kriegen schöllt, wart vunne Bedriev leevert.

- Vernichten vun oole Akten und anner Popeer mit vertruuliche Informaschionen.

- Wartung vunne Reckenknecht.

- Cloud Computing, wat meent, dat man de Daten noch op de eegen Rätschopten afleegt, sünnern Platz in een Reekenzentrum hett.

Wenn Datenverarbeidung inne Opdraag vereenbart wart, geiht dat nich alns per Handslag: För de Datenvereinbarung inne Opdraag möten bestimmte Saaken opschreven warrn. Ich schriev hier mal de hochdüütsche Text ut dat Gesett (§ 11 Abs. 2 BDSG) rut:

1. *der Gegenstand und die Dauer des Auftrags,*

2. *der Umfang, die Art und der Zweck der vorgesehenen Erhebung, Verarbeitung oder Nutzung von Daten, die Art der Daten und der Kreis der Betroffenen,*

3. Vom Auftragnehmer zu treffende technische und organisatorische Maßnahmen,

4. die Berichtigung, Löschung und Sperrung von Daten,

5. die Pflichten des Auftragnehmers, insbesondere die von ihm vorzunehmenden Kontrollen, z. B.

6. die etwaige Berechtigung zur Begründung von Unterauftragsverhältnissen,

7. die Kontrollrechte des Auftraggebers und die entsprechenden Duldungs- und Mitwirkungspflichten des Auftragnehmers,

8. mitzuteilende Verstöße des Auftragnehmers oder der bei ihm beschäftigten Personen gegen Vorschriften zum Schutz personenbezogener Daten oder gegen die im Auftrag getroffenen Festlegungen,

9. der Umfang der Weisungsbefugnisse, die sich der Auftraggeber gegenüber dem Auftragnehmer vorbehält,

10. die Rückgabe überlassener Datenträger und die Löschung beim Auftragnehmer gespeicherter Daten nach Beendigung des Auftrags.

Schlurig wart meist mit de Punkte 2, 3 un 6 ümgahn. De Oorten vun Daten möten akurat beteekend warrn. Blots so kann een faststelln, of de Vörsorg, de inne Opdraag fastleegt wart ok leevert wart. Ja, un dat mut ok exakt fastschreeven warrn, wat för Vörsorg dropen wart. Wenn nich Opdraggeever un Opdraagnehmer dat Glieke meenen, wokeen kann denn pröven ob ok richtig leevert wart.

De Opdraaggever mut seeker weeten, wo un von weem sien Daten verarbeidet warrm. Dat geiht blots, wenn he de Naams vun al Bedrieve kennt, de womöglich een Unneropdraag bekommen.

De Opdraachgeever mutt vör de Verabeidung – dat meent, bevör de Opdrachnehmer den ersten Handslag deiht – pröven, of de Opdraagnehmer ok al technische und organsatorische Vörsorg, de vereenbahrt is, inhöölt. Dat Resultat mutt opschreeven warrn.

Wodeenig kann ik denn marken, dat alns inholn wart? As eerstes kann een de Dokumentaschion ankieken. Is alns kloormakt? Is alns stimmig oder gifft dat in zwee Schrieven ünnscheedliche Upsaagen? Hett de Bedriev Nawiese as IT-Grundschutz, ISO 27001 oder dat ULD Datenschutz Gütesiegel?

Wenn mi dat Poppeer ni langt, dörf ik mi de Bedrief ok mal ankieken un ik dörf dorto ok anner sachkunnige Minschen mitnehmen.

Inne DS-GVO is sogar vörsehn, dat blots noch so'n Bedrieve as Opdraagnehmer insett warrn dörven, de garanteeren, dat se dat inhollen könen. Dat meent, dat tokünftig noch mehr op Nawiese keeken wart.

Ja un wat schull ik noch regeln, ok wenn dat nich in dat Gesett steiht? Ok wenn de DS-GVO een glieke Datenschullniveau in al Länner regelt, schriev ik meist inne Verdraag, dat de Daten blots in Düütschland verarbeidet warrn dörven.

Denn schull de Opdraaggever weten, wenn sien Opdrachnehmer dat Amt för de Datenschuulopsicht in't Huus hett. Wenn dor bi de Opdraagnehmer wat verquer lööpt, steiht de Opsicht as neegstes bi em vör de Döör.

Ja un denn schull een verantwortliche Steed oder Opdraaggever ok weeten, wenn de Blickbregen, op de sien Daten lingen, afhanden kamen, to'n Bipeel, wenn de dör de Staatsanwalt oder een anner Drütte ut jichtenseen Grund afholt warrn.

Beschrievungen vunne Verarbeidungen

Jedeen Betriev mutt vun al sien Aflööpe, mit de he personenbetoogen Daten verarbeided, Beschrievungen maken. Wat dor bin stahn mitt, is in't Gesett (§ 4e BDSG) regelt:

1. *Name oder Firma der verantwortlichen Stelle,*

2. *Inhaber, Vorstände, Geschäftsführer oder sonstige gesetzliche oder nach der Verfassung des Unternehmens berufene Leiter und die mit der Leitung der Datenverarbeitung beauftragten Personen,*

3. *Anschrift der verantwortlichen Stelle,*

4. *Zweckbestimmungen der Datenerhebung, -verarbeitung oder -nutzung,*

5. *eine Beschreibung der betroffenen Personengruppen und der diesbezüglichen Daten oder Datenkategorien,*

6. *Empfänger oder Kategorien von Empfängern, denen die Daten mitgeteilt werden können,*

7. *Regelfristen für die Löschung der Daten,*

8. *eine geplante Datenübermittlung in Drittstaaten,*

9. *eine allgemeine Beschreibung, die es ermöglicht, vorläufig zu beurteilen, ob die Maßnahmen nach § 9 zur Gewährleistung der Sicherheit der Verarbeitung angemessen sind.*

Mancheen süht dat as reine Schikane an, man dat hölpt ok, sik kloor to warrn, wo överall inne Betriev de Daten möted warrn.

Inne DS-GVO is dat ok wieder vörsehn, man denn mutt ok de Datenschuulbeopdraagte vunne Bedriev benaamt warrn.

Afkörtungen

AO	Abgabenordnung
BDSG	Bundesdatenschutzgesetz
BSI	Bundesamt für Sicherheit in der Informationstechnik
DS-GVO	EU Datenschutz Grundverornung
DSG-EKD	Kirchengesetz über den Datenschutz der Evangelischen Kirche in Deutschland
GG	Grundgesetz
KDO	Anordnung über den kirchlichen Datenschutz
LDSG	Landesdatenschutzgesetz
SBG	Sozialgesetzbuch
TKG	Telekommunikationsgesetz
TMG	Telemediengesetz

Wöörbook

Ackersnacker	Handy
affraagen	erheben
afleggen	speichern
Amt för de Daten-schuulopsicht	Datenschutzaufsichts-behörde
anononymiseern	anonymisieren
Begrenzen vunne Tied, över de de Daten opwahrt warrn	Speicherbegrenzung nach DS-GV
benarichtigen	benachrichtigen
bedropen Minsch	Betroffener
Beroopsgeheemis	Berufsgeheimnis
Beschrievungen vunne Verarbeidungen	Verfahrensbeschreibungen
Blickbregen	Computer, PC
bunnen anne Tweck	Zweckbindung
Datendreeger	Datenträger
Datengeheemnis	Datengeheimnis
Datenschuul	Datenschutz
Datenschuul-beopdraagte	Datenschutz-beauftragter
Datenseekerheit	Datensicherheit
Datenseekerung	Datensicherung
Drütte	Dritter

Empfänger	Empfänger
gegenansnacken	widersprechen
Inwilligung	Einwilligung
Kontroll över dat Hentolopen	Zutrittskontrolle
Kontroll över de Togang	Zugangskontrolle
Kontroll över dat Togriepen	Zugriffskontrolle
Kontroll över dat Wiedergeven	Weitergabekontrolle
Kontroll över de Ingaav	Eingabekontrolle
Kontroll över de Opdraag	Auftragskontrolle
Kontroll över dat Trennen	Trennungsgebot
Kontroll över de Verfögborkeit	Verfügbarkeitskontrolle
kopeern	kopieren
Nettwark	Netzwerk
nütten	nutzen
Verfohrensverteelken för al Lüüd	Öffentliches Verfahrensverzeichnis
Öökelnam	Nickname
övermiddeln	übermitteln
personenbetoogen Daten	Personenbezogene Daten
pseudonymiseern	pseudonymisieren

Reklame	Werbung im allgemeinen Sinne, auch Newsletter
sparrn	sperren
Technische un organisatorische Vörsorg	Technische und organisatorische Maßnahmen
Teelen vun't Volk	Volkszählung
Togang	Zugang
togriepen	zugreifen
Utkunft	Utkunft
verantwortliche Steed	verantwortliche Stelle
	neu: Verantwortlicher
verarbeiden	verarbeiten
verännern	Verändern, ändern
Verföögborkeit	Verfügbarkeit
Verslöteln	Verschlüsseln
Vertruulichkeit	Vertraulichkeit
Vörafkontroll	Vorabkontrolle
Vörgaven	Weisungen

Wiederführende Texte

Bundesdatenschutzgesetz (BDSG)

Sozialgesetzbuch, Zehntes Buch (SGB X)

Beschluss des Düsseldorfer Kreises über die Fachkunde des Datenschutzbeauftragen, November 2010

IT-Grundschutz-Kataloge des BSI

Webseite des BSI: www.bsi.bund.de

BSI-Standard 100-2: IT-Grundschutz-Vorgehensweise

Handreichung der Aufsichtsbehörden zur Videoüberwachung

Webseite des ULD: www.datenschutzzentrum.de

ULD Unabhängiges Landeszentrum für Datenschutz Schleswig-Holstein: Mustertext zur Verpflichtung auf das Datengeheimnis

Landesdatenschutzgesetz Schleswig-Holstein

Kirchengesetz über den Datenschutz der Evangelischen Kirche in Deutschland

Anordnung über den kirchlichen Datenschutz

Telekommunikationsgesetz (TKG)

EU-Datenschutz Grundverordnung (DS-GVO)

Telemediengesetz (TMG)

Besten Dank!

Dank ok, dat ji so lang dörholen und dat Book toenn leest hebbt.

Ik wull mi bannig freuen, wenn ji mi vertellt, wodennig ji dat Book gefulln hett. Min E-Mail is: info@birgitpauls.de

Un wenn ji dat ok noch 'n beten utföhrlicher un op hochdüütsch hebben wullt: Tohop mit mien Kolleg heff ik een Datenschuulbook schreven:

Birgit Pauls, Bernd Sommerfeldt
Basisdatenschutz für Jungunternehmer
ISBN 978-3-7431-9733-6

Un wenn ji weeten wöölt, wat ik för dat Bild up de Umslag fotografeert heff: Fohrt mal na de Eiderafdämmung un beluurt sik de genauer.